AF224467

LETTRES D'UN PAYSAN

LA POLITIQUE COLONIALE

LA TUNISIE. — LE TONKIN

Par JACQUILLOU

PRIX : 5 CENTIMES

EN VENTE

CHEZ M. EDOUARD ROBBE

5, BOULEVARD DES ITALIENS, 5

1885

LETTRES D'UN PAYSAN

LA POLITIQUE COLONIALE

LA TUNISIE. — LE TONKIN

I

La République a donné à la France la Tunisie et le Tonkin.

La Tunisie qui, réunie à notre Algérie, forme la plus belle des colonies.

Le Tonkin, qui est un pays aussi grand que la France elle-même.

Naturellement, les monarchistes ne sont pas contents. Les monarchistes ne songent qu'à renverser la République, et comme la République, quand elle travaille à la gloire et à la grandeur de la France, travaille en même temps à sa propre durée, il est tout simple qu'elle soulève les imprécations des monarchistes.

Je me souviens qu'en 1881, lors des élections de la dernière Chambre, les monarchistes firent campagne sur la guerre de Tunisie, comme ils font aujourd'hui campagne sur la guerre du Tonkin. La différence, c'est qu'en ce temps-là la guerre de Tunisie n'était pas encore terminée et qu'aujourd'hui la paix est signée avec la Chine.

On a peut-être oublié les discours tenus par les monarchistes au sujet de la guerre de Tunisie. Je vais les rappeler.

Les monarchistes commencèrent par agiter devant le peuple le spectre des *Kroumirs*. A les entendre, ces Kroumirs étaient des sauvages enragés, embusqués dans les montagnes couvertes de forêts de la Kroumirie, d'où ils devaient s'élancer sur les bataillons français qui tenteraient de pénétrer en Tunisie, et n'en laisser miette.

Tout le bruit que l'on fit ainsi autour de ces Kroumirs eut un résultat excellent. Le gouvernement, pour se garder de toute surprise fâcheuse, envoya quatre fois autant de soldats qu'il le jugeait nécessaire, et ce gros déploiement de forces rendit les Kroumirs si sages que les bataillons français, partis de la province de Constantine, traversèrent les forêts montagneuses de la Kroumirie et arrivèrent à Tunis sans avoir même rencontré un Kroumir.

Tout aussitôt, la note changea. On n'eut plus assez de moqueries et de quolibets pour les Kroumirs, et surtout pour le gouvernement qui avait cru à leur existence, mais on signala un double danger bien plus grave : d'une part, le fanatisme indomptable des populations de la Tripolitaine encouragées et soutenues par la Turquie; de l'autre, les mauvais desseins de l'Italie.

Trois mois après, la Tunisie tout entière était sous notre domination, cette domination était reconnue par toutes les puissances de l'Europe, y compris la Turquie et l'Italie, et nous avions obtenu ce résultat superbe sans nous être heurté un seul instant à une résistance sérieuse.

La tactique changea encore. On ne pouvait nier le résultat, on nia les difficultés. On se répandit en invectives « contre un gouvernement qui dépensait ainsi des sommes énormes et inquiétait inutilement les familles d'une foule de jeunes soldats arrachés sans rime ni raison à leurs paisibles garnisons, pour accomplir une expédition qui se pouvait faire par quatre hommes et un caporal ».

Au début de l'expédition, on voulait effrayer la nation : « Les Kroumirs étaient des ogres..... » Après la victoire, on voulait enlever à l'œuvre tout son mérite. « Il n'y avait pas de Kroumirs ! » Tous les moyens ne sont-ils pas bons pour renverser un gouvernement que l'on déteste ?

Et c'est ainsi que, pendant un an, les monarchistes n'ont pas eu assez de moqueries pour le gouvernement de la République et pour ses Kroumirs !

Mais tous les quolibets des monarchistes n'empêcheront pas la vérité d'être la vérité, et la République française d'avoir acquis pour un morceau de pain une admirable colonie. Tous les quolibets des monarchistes n'empêcheront pas que cette colonie magnifique, non seulement, soit par elle-même une source considérable de profits pour la France, mais encore une cause de pacification pour toute notre Algérie où, depuis quatre ans, il ne s'est pas tiré un coup de fusil !!!

II

Maintenant, on va procéder à de nouvelles élections. Il ne s'agira plus de la Tunisie, il s'agira du Tonkin.

J'expose, d'abord, les origines de cette affaire du Tonkin. Cela fera ressortir la bonne foi des monarchistes.

Les monarchistes avaient renversé, au 24 Mai 1873, M. Thiers, et mis à sa place le maréchal de Mac-Mahon. Le maréchal prit aussitôt, pour premier ministre, M. de Broglie. C'est ce ministère de Broglie qui, à la suite de la mort du lieutenant de vaisseau Francis Garnier, tué dans une embuscade au Tonkin, passa, en 1874, avec le roi d'Annam, un traité qui établissait notre protectorat sur une partie du Tonkin.

Il fallut naturellement, pour assurer l'exécution de ce traité, entretenir désormais, au Tonkin, une petite garnison de troupes de marine.

Un jour vint où le commandant de cette garnison, M. Rivière, s'étant imprudemment aventuré, tomba, comme le lieutenant Garnier, dans une embuscade de *Pavillons noirs*, et y perdit la vie.

Ces « Pavillons noirs » étaient des insurgés chinois condamnés à mort par leur gouvernement, et qui habitaient, depuis plusieurs années, le Tonkin, où ils vivaient de rapines et de pirateries.

La mort du commandant Rivière eut lieu en 1882. Pour l'honneur du drapeau et la sécurité des Français établis en ces pays d'Asie, où l'on ne respecte que la force, il fallait venger sévèrement la mort du commandant Rivière.

Seulement, on s'était tellement moqué du gouvernement, à propos des nombreux bataillons employés en Tunisie contre des Kroumirs invisibles, que, pour éviter de semblables railleries au sujet des « Kroumirs du Tonkin », on n'envoya là-bas que les forces jugées strictement nécessaires. Ce fut une grande faute. Malgré les plaisanteries des monarchistes, il faut bien savoir que les Kroumirs n'étaient point des êtres imaginaires, et s'ils restèrent prudemment dans l'ombre, c'est précisément parce qu'ils jugèrent toute résistance impossible contre les forces considérables dirigées contre eux.

Il est vrai que la Tunisie touche à notre province de Constantine, et que, d'autre part, elle se trouve, par mer, aux portes de la France. Le Tonkin, au contraire, est à l'autre bout du monde, et envoyer des troupes à pareille distance est une toute autre affaire. Le gouvernement hésita. Il eut grand tort. Ayant à défendre les intérêts de la France et à faire respecter son drapeau, il devait se montrer moins sensible aux railleries des monarchistes, à propos des Kroumirs. Il fallait précisément agir contre les Kroumirs du Tonkin comme on avait agi contre ceux de la Tunisie, faire immédiatement une grosse dépense en hommes et en argent, et frapper un grand coup. Au Tonkin, l'affaire eût été, comme en Tunisie, réglée en six mois.

Malheureusement, le gouvernement, afin de ménager l'opinion publique sans cesse excitée par la presse réactionnaire, n'osa prendre que des demi-mesures. Il fallait de suite envoyer au Tonkin vingt mille hommes, il en envoya trois mille. Ces trois mille hommes infligèrent, il est vrai, une rude correction aux « Pavillons noirs », mais ils se trouvèrent trop peu nombreux pour les poursuivre et les anéantir entièrement. Ce que voyant, les autres se contentèrent de porter un peu plus loin leurs brigandages.

De nouveaux renforts furent nécessaires, et, comme chaque envoi de troupes et chaque demande de crédits étaient l'occasion, à la Chambre et dans les journaux, des discussions les plus violentes et des accusations les plus graves portées contre le ministère, la Chine s'imagina que la majorité des Français était très opposée à cette expédition du Tonkin, et qu'en nous suscitant de nouveaux obstacles, elle obligerait le gouvernement à y renoncer.

La Chine vint donc en aide à ces « Pavillons noirs » qu'elle avait autrefois condamnés à mort, et son intervention nécessita de nouveaux bataillons et de nouvelles sommes d'argent. Si bien que, lorsque la paix fut enfin imposée à la Chine, la guerre durait depuis trois ans, nous avions dépensé trois cents millions et nous avions là-bas une armée de trente mille hommes!

Je ne dis pas, entendons-nous bien, que le Tonkin, qui est aujourd'hui notre propriété définitive et reconnue, ne vaut pas les sacrifices qu'il a coûtés. Je dis seulement que si le gouvernement, moins sensible aux criailleries et aux menées intéressées des réactionnaires, avait montré la fermeté et la décision qu'il a déployées dans la campagne de Tunisie, le Tonkin nous eût coûté beaucoup moins cher et n'en vaudrait pas un sou de moins pour nous.

J'ai tenu à m'expliquer franchement sur ce point, parce qu'il faut toujours dire la vérité, surtout à ses amis.

Mais il n'en est pas moins vrai que, si le gouvernement s'est trompé dans la conduite de l'affaire, il a eu parfaitement raison de la suivre et de la mener jusqu'au bout.

III

En résumé, nous sommes aujourd'hui en paix avec tout le monde, et nous avons la Tunisie et le Tonkin.

La Tunisie, avec les trois provinces d'Alger, de Constantine et d'Oran, forme à notre porte une colonie comme n'en possède aucune autre nation.

Le Tonkin, indépendamment des ressources naturelles qu'il offre à notre commerce et à notre industrie, nous met en contact immédiat avec un empire immense, la Chine, qui, le jour où elle ouvrira ses portes au commerce étranger, — et ce jour est probablement prochain, — donnera lieu à un trafic considérable.

Je crois que cette situation est bonne pour la France. Mais, à la vérité, tout le monde n'est pas de cet avis. Il s'est formé, en ces derniers temps, une école politique nouvelle qui enseigne qu'une nation marche à sa ruine quand elle augmente ses colonies, qu'elle grandit et se fortifie quand elle les perd.

Je ne sais si cette nouvelle école politique a raison. Mais ce que je sais bien, c'est qu'en aucun temps, en aucun pays, sous aucune forme de gouvernement, les peuples n'ont pensé de la sorte.

Dans l'antiquité comme dans les temps modernes, sous les monarchies comme sous les républiques, au nord comme au midi, en Orient comme en Occident, on a toujours considéré qu'une nation s'enrichissait en augmentant ses colonies, qu'elle se ruinait en les perdant.

Il n'était encore venu à la pensée d'aucun homme raisonnable de prétendre que les Christophe Colomb, les Fernand Cortez, les Pizarre, les Americ Vespuce, en donnant à leurs pays les immenses territoires du Nouveau Monde, les avaient diminués et appauvris.

Il avait été, jusqu'à ce jour, généralement admis que Colbert, en rattachant le Canada à la France, s'était montré grand ministre; que Montcalm, en défendant ce Canada contre les Anglais, que Dupleix, en créant les Indes Françaises, avaient agi en bons et clairvoyants patriotes. Il était non moins généralement reconnu que Louis XV et ses ministres, qui ont permis à l'Angleterre de s'emparer de ces superbes colonies, étaient des misérables qui ont abaissé et humilié la France.

Je ne crois pas qu'aujourd'hui même, il existe un autre pays dans le monde où cette politique nouvelle, particulière à certains hommes d'État français, ait rencontré des adhérents.

Je regarde la Belgique, l'Allemagne, l'Italie, l'Angleterre, la Russie, et partout je ne vois qu'une préoccupation dominante, celle d'augmenter son domaine colonial.

La Belgique a son expédition *Stanley* dans le centre de l'Afrique, l'Allemagne poursuit avec une vigilance de tous les instants ses établissements en Afrique, l'Italie veut s'étendre sur les bords de la Mer Rouge, la Russie ne songe qu'à mettre les pieds dans l'Inde, et l'Angleterre allumerait le feu aux quatre coins de l'univers pour l'en empêcher.

Ah ! mes amis, si l'on offrait à l'une quelconque des puissances que je viens de nommer cette Tunisie ou ce Tonkin que l'on prétend une si mauvaise affaire pour nous, vous verriez comme cette puissance-là se ferait prier pour les prendre !

Enfin, il est possible que les inventeurs de ce nouveau genre de politique extérieure du chacun chez soi aient raison, mais je constate que ce n'est, dans le passé, l'avis d'aucun homme politique français ayant laissé de glorieux souvenirs. Je constate également que ce n'est, dans

le présent, l'avis d'aucun homme d'Etat étranger exer-
çant quelque influence sur les affaires de son pays.

IV

Un des principaux arguments employés pour populari-
ser la nouvelle doctrine, c'est que ces acquisitions colo-
niales coûtent cher. Et l'on signale avec complaisance les
grosses sommes d'argent dépensées et le chiffre malheureusement trop élevé des hommes perdus au Tonkin. Car,
il faut bien remarquer que, depuis que ces messieurs ont
le Tonkin à leur arc, ils parlent le moins possible de la
Tunisie.

Il serait, en effet, assez difficile aujourd'hui de faire
accroire au peuple que l'expédition de Tunisie a été pré-
judiciable à la France. Le Tonkin est un terrain bien plus
favorable pour attaquer le gouvernement républicain.
La guerre vient à peine de finir. Le pays n'a encore senti
que les sacrifices. Ces sacrifices ont été lourds et dou-
loureux, et l'on n'a point eu le temps de tirer de notre
nouveau domaine les bénéfices et les compensations qui,
par la suite, viendront verser le baume sur cette plaie
vive et saignante et la cicatriser.

Ceux qui souffrent sont toujours enclins à rejeter sur
autrui la responsabilité de leurs peines. Ils croient aisé-
ment les gens qui leur disent que la faute en est tout
entière au gouvernement. La douleur si respectable d'un
père qui pleure son fils ne lui laisse point, quelque soit
sa résignation patriotique, le sang-froid suffisant pour
juger si l'entreprise où ce fils a trouvé la mort était bien
utile au pays.

L'homme qui a perdu son argent, bien que la blessure
soit moins profonde et moins cuisante, n'est pas beaucoup mieux disposé.

C'est un terrain d'opposition très bien préparé, et le rôle des adversaires du gouvernement est d'y semer la rancune, la haine et la fureur.

Mais, en revanche, le rôle d'un ministre digne de la situation qu'il occupe est de s'élever au-dessus de toutes ces considérations personnelles, et, lorsqu'il est profondément convaincu que ce qu'il fait doit profiter à son pays, de poursuivre son but, sans souci d'une impopularité momentanée.

La génération, qui a directement souffert pour une œuvre patriotique, ne tarde point à disparaître. Chez cette génération même, la douleur du sacrifice passé s'atténue rapidement, et, sous l'influence des avantages, chaque jour plus apparents, qui en résultent pour le pays, l'impopularité, si l'œuvre est vraiment utile, fait bientôt place à un sentiment de reconnaissance et d'admiration pour les citoyens qui l'ont accomplie.

Les ouvriers des villes et les ouvriers des champs, qui travaillent tant pour gagner si peu, savent bien que, dans ce monde, rien ne s'obtient sans peine. Aux plus favorisés du sort, à ceux qui parviennent à acquérir un petit bien, but de leur suprême espérance, ce petit bien coûte toute une vie de travail, d'économie, de privations.

Les nations n'échappent point à cette règle. Si une conquête semble nécessaire à leur sécurité, à leur honneur, à leur prospérité, cette conquête ne s'obtient qu'au prix des plus grands efforts et des plus durs sacrifices. Non pas seulement, comme pour l'acquisition des biens particuliers, sacrifices d'argent, mais sacrifices d'hommes. Et, quand on songe à la douleur des familles dont les enfants donnent ainsi leur sang à la patrie, quels seraient donc, sous le régime du suffrage universel, les hommes assez fous, assez ennemis de leurs concitoyens et d'eux-mêmes, pour engager, sans nécessité absolue, leur pays dans ces sanglantes aventures ?

Nous pouvons, aujourd'hui, mes amis, parler librement de ces choses. Nous n'avons plus de guerre de conquête à entreprendre ou à poursuivre. Nous sommes en paix avec tous les peuples qui comptent dans le monde comme nation, car on ne saurait qualifier du nom de guerre la répression des brigandages commis par quelques hordes de sauvages sur les frontières de nos possessions lointaines. Tout au plus est-ce affaire de police, qui nous coûte assurément moins d'hommes et moins d'argent que la police à faire chez nous-mêmes.

Je dis donc que je ne vois pas, dans le plus lointain avenir, de guerre de conquête à faire; sous la République, on ne fait ces guerres-là qu'en cas de nécessité absolue, et cette nécessité n'existe plus.

Si les hommes et les nations ont une tendance naturelle, irrésistible, a augmenter leur domaine, la sagesse leur enseigne, aux uns et aux autres, qu'il faut cependant savoir se borner et n'en pas prendre plus qu'on n'en peut conserver et exploiter avec profit.

Or, la France possède désormais en Algérie, à Madagascar et au Tonkin, des territoires assez vastes pour occuper l'activité et l'esprit d'entreprise de ses enfants pendant une longue suite de générations.

C'est à ce résultat pacifique que les Chambres de la République et leurs ministres auront à consacrer dans l'avenir leur action bienfaisante. Les gens qui leur parlent à ce propos de désastres financiers et de complications sanglantes dénaturent à plaisir une situation très claire et n'obéissent qu'à leur fureur politique.

Voila ce que je voulais dire aux bons citoyens qui, sans parti-pris d'hostilité contre la République, seraient tentés, sur la foi des déclamations dont on leur abasourdit les oreilles, de l'accuser sincèrement de trahison envers le pays, pour avoir conservé Madagascar et réuni la Tunisie et le Tonkin à son domaine colonial !

Quant aux monarchistes, il n'y a pas à leur répondre. Ces gens-là sont décidés a ne rien voir et à ne rien entendre. Ils n'ont qu'une chose en tête : le renversement de la République ! Tout ce qu'elle peut faire est pour eux

occasion de dénigrement. Ils s'indignent des expédi-
tions de la Tunisie et du Tonkin, ils crieraient cent fois
plus fort si nous étions restés chez nous. Ils reprochent au
gouvernement d'avoir dépensé mal à propos l'argent de la
France et sacrifié ses enfants, ils lui reprocheraient bien
plus violemment d'avoir, par de mesquines considérations
personnelles et par souci d'une basse popularité, trahi
ses intérêts, vendu son honneur, abaissé son drapeau !

Encore une fois, il n'y a pas à discuter, mais vous con-
viendrez, mes amis, qu'il faut à ces messieurs un rude
aplomb et une singulière opinion de l'esprit des gens
auxquels ils s'adressent.

On dirait, en vérité, qu'il s'agit ici de vieilles histoires
du temps de Pharamond. Ces monarchistes de toutes
nuances, qui font un crime à la République d'avoir
achevé et terminé la conquête de l'Algérie, s'imaginent-ils
donc que ceux de nos anciens qui ont assisté à la prise
d'Alger et qui sont encore de ce monde aient oublié que
ce premier acte de nos guerres d'Afrique fut accompli
sous Charles X, le dernier roi Bourbon de la branche aînée?

S'imaginent-ils que tous les citoyens qui ont été mili-
taires, de 1830 à 1870, aient à ce point perdu mémoire et
entendement qu'ils ne sachent plus que cette guerre
d'Afrique fut continuée sans désemparer par Louis-
Philippe et Napoléon III ?

S'imaginent-ils que le peuple ignore que l'empire a fait
l'expédition de Cochinchine dont celle du Tonkin est le
complément, comme la Tunisie a été le complément de
la conquête des trois provinces d'Alger, d'Oran et de
Constantine, tant il est vrai que cette politique est vraiment nationale et tout à fait indépendante de la forme
du gouvernement.

Ces expéditions-là, Algérie, Tunisie, Cochinchine et
Tonkin, ont, du moins, été faites pour le compte et dans
l'intérêt de la France.

L'empire en a fait une autre, et les quelques person-
nages qui voudraient ramener ce triste régime devraient

bien ne pas nous obliger à la rappeler. L'empire a fait l'expédition du Mexique, qui nous a coûté *plus d'un milliard* et la vie de *quarante mille hommes*, et cette expédition-là n'a été faite ni pour le compte, ni dans l'intérêt de la France.

Elle a été faite :

1° Pour faire rentrer la prétendue créance d'un banquier suisse nommé Jecker, créance qui s'élevait à 14 millions, et que ledit Jecker s'était engagé à partager avec M. de Morny, demi-frère de l'empereur ;

2° Pour plaire à l'archevêque de Mexico, protégé par l'impératrice ;

3° Pour flatter la cour d'Autriche, en donnant le trône du Mexique à un prince de sa maison.

Voilà, mes amis, les profondes raisons politiques pour lesquelles l'empire entreprit cette aventure qui se termina par la mort de quarante mille soldats français et la plus profonde humiliation qui puisse être infligée à un gouvernement, celle de laisser fusiller, sans oser lui porter secours, un pauvre diable d'empereur inventé et créé par lui !

Et ce sont, citoyens français, les amis de ce gouvernement qui reprochent amèrement à la République l'expédition du Tonkin !

Je me résume :

La politique coloniale, suivie par le gouvernement de la République, est la politique nationale, la politique traditionnelle de tous les gouvernements qui, depuis cinq cents ans, ont eu souci de la prospérité, de la grandeur et de la gloire du pays.

Je crois que cette politique est la bonne, et, en ce qui concerne particulièrement la Tunisie et le Tonkin, je suis très convaincu que nos intérêts matériels y trouveront grand profit.

Mais le pays en retire un avantage autrement précieux, à mon sens.

Depuis l'horrible guerre de 1870, il semblait que la pauvre France, mutilée et blessée, ne pourrait plus jamais relever la tête et reprendre son rang dans le monde.

Tous nos rivaux, tous nos jaloux, tous ceux auxquels notre belle marine, notre industrie, notre commerce faisaient ombrage, les Anglais notamment, et aussi les Italiens, s'attachaient à propager, chez les peuples lointains, cette idée humiliante que nous étions bien finis, bien morts, et que chacun pouvait impunément violer nos droits et nous dépouiller de nos biens.

Aujourd'hui, mes amis, les rôles sont changés. La France, notre vieille France bien-aimée, a prouvé au monde qu'elle vivait encore, et que, pour défendre son honneur et son bien, ses enfants, soldats ou marins, n'avaient rien perdu de la vaillance de leurs anciens.

En Afrique et dans les plus lointains pays de l'Asie, la France est aujourd'hui de toutes les nations du monde la nation la plus respectée.

Ce résultat doit, à lui seul, réjouir tous les bons Français.

JACQUILLOU.

10 août 1885.

Paris. — Imprimerie C. PARISET, 101, rue de Richelieu.